물 아저씨 과학 그림책 19
물 아저씨와 위대한 항해
2025년 8월 1일 1판2쇄 발행

글·그림 | 아고스티노 트라이니 옮김 | 이승수
펴낸이 | 나성훈 펴낸곳 | (주)예림당
등록 | 제2013-000041호 주소 | 서울시 성동구 아차산로 153
구매 문의 전화 | 561-9007 팩스 | 562-9007
책 내용 문의 전화 | 566-1004
http://www.yearim.kr

편집장 | 이지안 책임개발 | 정수경 / 심다혜 정유진 디자인 | 이현주 / 강임희 표지 디자인 | 최수정
콘텐츠 제휴 | 문하영 제작 | 신상덕 / 박경식 마케팅 | 임상호 전훈승
ISBN 978-89-302-6969-8 74400
ISBN 978-89-302-6857-8 74400(세트)

이 책의 한국어판 저작권은 (주)예림당과 Atlantyca S.r.l.사와의 독점 계약으로 (주)예림당에 있습니다.
저작권법에 의해 한국 내에서 보호를 받는 저작물이므로 무단 전재와 복제를 금합니다.

Text by Agostino Traini
Original cover and Illustrations by Agostino Traini
©2024 Mondadori Libri S.p.A. for PIEMME, Italia
©2025 for this book in Korean language – YeaRimDang Publishing Co., Ltd.
Published by arrangement with Atlantyca S.r.l. via Caradosso 7 - 20123 Milano,
Italia — foreignrights@atlantyca.it- www.atlantyca.com
Original Title: NAVIGARE PER IL MONDO
Translation by: 물 아저씨와 위대한 항해
No part of this book may be stored, reproduced or transmitted in any form or by any means, electronic
or mechanical, including photocopying, recording, or by any information storage and retrieval system,
without written permission from the copyright holder.

물 아저씨 과학 그림책 19

물 아저씨와
위대한 항해

글·그림 아고스티노 트라이니

오늘은 특별한 배가 해안가에 도착했어요.
배 안에는 잠수부들이 타고 있었어요.
잠수부들은 바다 깊숙이 잠수해 오래된 꽃병과 여러 물건들을
바다 위로 하나씩 가지고 나오고 있었지요.
그들은 난파된 고대 선박을 연구하는 고고학자들이에요.

"고대 페니키아의 배야. 2,000여 년 전 배가 바닷속에
가라앉았던 때가 생생하게 기억나는구나."
물 아저씨가 말했어요.

아고와 피노는 고대 선박들이 어떻게 바다를 누볐는지 자세하게 알고 싶어졌어요.
지구본 아저씨를 살펴보니 대륙과 바다, 그리고 푸른 바다에 흩어진 많은 섬들이 보였지요.
세상에는 물이 정말 가득해요!

"내가 있는 곳을 지나가려면 배를 타고 가야 해!"
물 아저씨가 말했어요.
"사람들은 새로운 장소를 발견하고 싶은 호기심에 이끌려 배 타는 법을 하나씩 배워 갔어."

훌륭해. 지리 공부를 열심히 하네!

물 아저씨가 마법을 부리자 바람이 불었어요.
순식간에 아고와 피노는 선사 시대에 도착했지요.
저기 강을 건너려는 사람들이 있어요.
아무도 수영을 할 줄 모르지만, 어떻게든 모두
배를 만들어 강을 건너기 시작했어요.

통나무를 서로 묶어 처음으로 뗏목을 만들고, 바람이 나뭇가지를 어떻게 흔드는지 살피며 돛도 만들었어요.

곧 커다란 배가 나타났어요. 삼나무로 만든 멋진 배였지요.
이집트인들은 이 배를 타고 멀리 떨어진 신비의 땅
푼트까지 탐험했어요.

물 아저씨와 함께하는 시간 여행은 계속됐어요.
아고와 피노는 페니키아인들의 배에 올라탔어요.
이 배도 향기로운 삼나무로 만들어졌어요.
삼나무는 지금의 레바논 땅인 페니키아에서 자라는 나무예요.

페니키아인들은 아주 뛰어난 선원이에요.
그들은 지중해 너머까지 항해하며 물건을 사고팔았지요.
페니키아인들이 해변에 물건을 내려놓으면, 그곳 주민이 와서
물건을 가져가는 대신 다른 물건을 놓아두었어요.
서로 말을 하지 않았기 때문에 조용한 무역이라고 했어요.

이건 전쟁용 배야.

물건값은 염소와 과일로 낼게요.

참 예쁜 물건이네요!

갑자기 눈보라가 휘몰아쳤어요.
아고와 피노는 눈바람에 휩쓸려 북쪽 바다로 날아갔지요.
둘은 속도가 빠른 배에 올라타 있었어요.
함께 탄 사람들은 금발이나 빨간 머리에 긴 수염을
하고 있었어요. 그들은 바로 바이킹이에요!

바이킹들은 추위를 잘 타지 않았어요.
그들은 노르웨이에서 북쪽 바다를 따라 아이슬란드, 그린란드,
심지어 먼 아메리카 대륙까지 탐험했어요.
바이킹이 타는 배는 크고 네모난 돛이 달려 있고,
배를 조종하는 키는 기다란 노와 비슷하게 생겼어요.

또 다시 바람이 불어와 아고와 피노는 바이킹을 떠났어요.
이번에 둘은 작은 함대의 배 한 척에 타고 있었어요.
이 배들은 1492년, 스페인에서 출발해 미지의 땅을
항해하고 있었어요.
배들의 이름은 핀타, 니나, 산타 마리아였어요.

이 항해는 앞으로 수백 년 동안 무척 중요한 일이 될 거예요.
이들 배에는 아랍인이 널리 퍼뜨린 삼각형 돛이 달려 있어
바람을 더 잘 타고, 중국인이 만든 현대식 키도 있어 더 쉽게
방향을 잡을 수 있어요.

물 아저씨와 친구들은 또 한 번 시간 여행을 떠났어요.
이번에는 중국 바다를 항해하게 되었지요.
저기 아주 큰 배도 있고, 작은 배도 있네요.

이 배는 정크야.

중국 배는 바닥이 평평해서 아주 독특한 모양이야.

배의 몸통은 가볍고 튼튼한 나무로 만들어졌고,
돛에는 많은 대나무 막대가 끼워져 있어요.
지금도 아시아 여러 나라의 관광지에 가면
정크와 삼판선을 비롯한 중국 범선들을 볼 수 있어요.

물 아저씨는 아고와 피노가 아름다운 아랍의 배들도 꼭 보길 바랐어요. 다우선과 삼부크라는 배들이에요. 이 배들은 삼각형 돛을 달고 있는데, 이 돛 덕분에 바람을 거슬러 항해할 수 있어요.

지금도 다우선은 아라비아해를 항해하고 있어.

안녕!

아고와 피노는 다우선을 타고 항해하는 아랍인 선원을 따라갔어요.
이들은 몬순이라고 부르는 계절풍을 타고 항해하지요.
겨울 몬순은 북동쪽에서 불어와 배를 아프리카 쪽으로 밀어 주고,
여름 몬순은 남서쪽에서 불어와 배를 집으로 보내 줘요.
배에 가득 실은 귀중한 물건들과 함께 말이지요.

수백 년이 지나며 배를 만드는 기술이 점점 발전했어요.
배는 더욱 빨라지고, 돛은 훨씬 더 복잡해졌지요.
아고와 피노는 남아메리카 남쪽 끝의 혼곶으로 빠르게 가는
클리퍼의 돛대에서 외쳤어요.

"여기는 엄청 높아요!"
선원들은 돛을 조절하기 위해 곡예사처럼 오르락내리락해요.
물 아저씨는 아고와 피노가 혹시라도 바다에 빠질까 봐
주의 깊게 지켜보고 있어요.

마침내 사람들은 엔진을 발명했어요.
바람이 없어도 항해할 수 있어 정말 편해졌지요.
오래된 큰 배들은 돛을 달고 있었지만,
점차 돛을 단 배는 하나둘씩 사라졌어요.

지금도 바다에는 수많은 배들이 지나다니고 있어요.
물건을 실어 나르기도 하고, 여행을 하는 사람들도 있어요.
또 전쟁을 피해 평화로운 곳을 찾아 험한 바다를 건너기도 해요.
그리고 그런 사람들을 도우러 가는 배들도 있지요.

컨테이너선

증기선

석유 탱크선

모두 행운을 빌어요!

재미있는 항해가 끝났어요.
"대부분의 항로가 발견되어 이제 바다 건너에 모르는 나라는 없지. 사람들은 더 빠른 여행을 위해 바다를 연결하는 운하를 만들었어."
지구본 아저씨가 말했어요.

"하지만 탐험해야 할 곳은 아직 많이 남아 있어."
물 아저씨가 말했어요.
"바로 남극 대륙이야. 며칠 전에도 과학자와 연구원을 태운 커다란 쇄빙선이 얼음 바다를 헤치고 가는 걸 봤단다."

물 아저씨와 함께하는
신나는 과학 실험

차근차근 따라 해 보세요!
그동안 알지 못했던 재미있고 흥미진진한
사실들을 알게 될 거예요.

슈퍼 매듭
(누구나 사용할 수 있어요!)

준비물

튼튼한 밧줄과 충분한 연습

이 매듭을 사용하면 튼튼한 고리를 만들 수 있어요.
단단하지만 쉽게 풀 수 있는 매듭이에요.

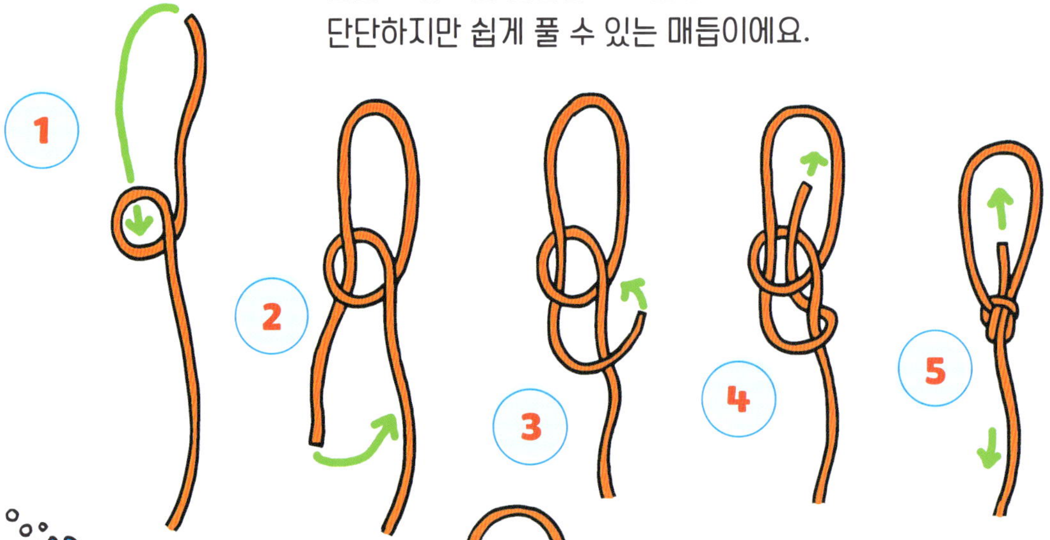

뒤집어 보면 이렇게 생겼어요!

매듭은 여러 곳에 사용할 수 있어요.

이 매듭은 참 유용해요!

보라인 매듭이라고 해요.

이 매듭은 팔자 매듭이에요.
한번 해 볼까요?

아고스티노 트라이니는 누구일까요?

저는 1961년에 태어났어요.

저는 비 올 때 걷고

등산을 하고

배를 타고

물수제비를 뜨고

보물을 찾는 것을 좋아해요.

그리고 책을 읽고

책갈피를 만들고

물감으로 그림을 그리고

캐릭터를 구상하는 것도
좋아해요.

하지만 뭐니 뭐니 해도
물 아저씨 그리는 것을 가장 좋아해요!

Agostino Traini

아래의 주소로 저에게
이메일을 보낼 수 있어요.
agostinotraini@gmail.com

물 아저씨 과학 그림책

**과학 공부의 시작은 물 아저씨와 함께! 세상 곳곳의
신기한 과학 현상을 배우며 지적 호기심을 가득 채워 보세요!**

글·그림 아고스티노 트라이니 | 175×240mm | 32~48쪽

    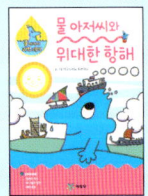 

1. 물 아저씨는 변신쟁이
2. 공기 아줌마는 바빠
3. 해 아저씨는 밤이 궁금해
4. 키다리 나무 아저씨의 비밀
5. 계절은 돌고 돌아
6. 물 아저씨와 감각 놀이
7. 알록달록 색깔이 좋아
8. 화산은 너무 급해
9. 물 아저씨는 힘이 세
10. 농장은 시끌벅적해
11. 바람 타고 세계 여행
12. 불 아저씨는 늘 배고파
13. 폭풍은 이제 그만
14. 물 아저씨와 몸속 탐험
15. 옛날에 공룡이 살았어
16. 파도가 철썩 지구가 들썩
17. 바다 괴물의 비밀
18. 구름 아저씨의 정체
19. 물 아저씨와 위대한 항해
20. 초록을 깨우는 물 아저씨